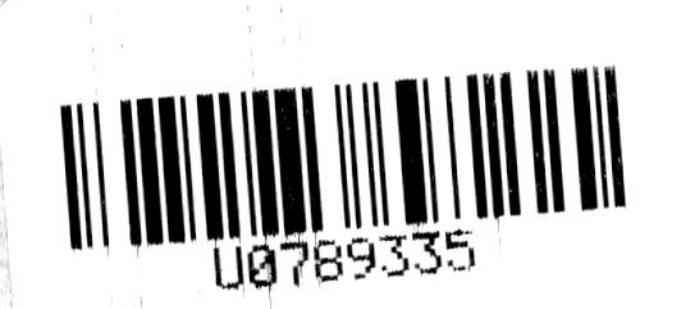

風俗　　邑人劉勑撰

歷為三齊首地風俗美惡他邑象而行焉太史公曰齊魯於文學乃其天性隸州志謂習尚敦厚民皆務本自去古遠而民習於奢奢生僭僭生亂士汚民貧滔滔乎莫知所底止矣昔所謂十萬人家盡讀書民饒桑麻之業者今不復覩焉吊古君子寧無撫流俗而興歎云

四民

士風　士者四民之首士風醇漓民傚之民風澆

薄士維之古之風俗壞於民今之風俗壞於士歷下士紳嘉隆而前纍纍若若萬曆以後不啻辰星皆緣士倦讀且不修君子之行斤斤守法者固多而敗群者不無其人往往取賤於有司即以文章起家亦皆抽黃對白拾數行墨以蒿矢青紫而留心世務如董賈其人者寥寥也獨是輸將恐後莫敢有涎黃腑政覗鏹官府者則較他方猶稱醇焉

農業　歷山城也不通舟楫逐末者寡富者食其

田貧者食其力縣以南多山不知耕耨之方縣以北多水不解鑿灌之利惟徼雨澤聽天行之數幸而豐年苦於征催稼甫登堂室已告罄則棄家而去即富豪之家亦鮮盖藏矧諸差皆出於地如農民車戶之役遭之則家破人亡並映及族閭是昔之地養人今之地害人矣書云稼穡之艱難胼胝南畝艱辛萬狀而額外之征美中之美民何以堪有牧民之責者寧不爲之深長計也

工伎 恒產之家百無一二耕種之外巧黠者托迹於公門駑鈍者肩傭以自給執藝之人僅僅自食其力一日不再食則饑官府用之賢者猶稍給餼廩不則枵腹終日此此公役一出人乏子來之願皆坐此也人學一藝原以營生牛馬猶待養於人此則曰應應官耳苦於官不得不取償於民故今之工價皆倍於昔經曰來百工則亦曷可以傭夫而賤視之

商賈 歷之民鮮於遠涉其所有者不過稻秫蔬

、麥枲麻布縷之類至羅綺履舄皆取給於商其塩鹺諸利藪又大力者負之而去故南方以無實之物鬻於北北方以有限之財歸於南况歷之民邇來僭奢倍之已為糜財而権稅應行之費高其價於民以取償騰貴十倍於昔矣本地之傭夫販婦皆為狡獪所索借口於稅無一不征又不但持牙籌而坐都門者為然也賤丈夫壟斷之行有識者其戒之

典禮

夫禮所以輔治而坊民三代以還禮制蔑如此風俗之不古若也葢禮有三千三百之繁而不出冠婚喪祭四者先民有云人不知冠婚則天下無成人不知喪祭則天下無孝子有味乎其言之哉歷衣冠文物之美甲於二東今日異而月不同矣父老為言漸不如古自今觀之又不如前奢侈譸張至此極矣四民之外出出者衆故又列其美惡以俟轉移之君子

冠　冠為禮始前輩筮賓醮子甚慎令人知自

重歷俗髫角弱冠皆從其便三加之禮不惟廢
民不知卽詩禮之家亦有不行且緇流無異章
縫娼優等於后飾恬然莫知其非巾服違制之
禁視若弁髦矣

婚　先以媒妁通婚約次交讌士夫加幣有度
不受財于歸前饋女紅嫁用粧奩既嫁送茶饌
雖親迎不行事事有古意獨其女亡則反面相
訟大爲惡風

喪　親故三日殮焚用楮帛吊賻者至倩客迎

賓逢七延浮屠追薦殯日列冥罷列鼓吹導旛
士民所同至牙儈之流爭塗耳目演劇縱飲日
暮始歸待侈已極一置壠原不封不樹此近俗
之日壞者士夫持正者甚耻之

祭　士大夫有家廟設主於中祖考龕櫝依次
附焉累世不祧凡遇祭期則刑雞以薦或詣墓
側奠之卽享神胙於旁雖販夫販婦亦知負楮
鏹而往詩云清明祭掃各紛然歷俗尚有之

節序

四時雖有代謝而景物撩人時時有可樂之趣故春花秋月夏扇冬爐無非造物假人以樂地者故淸風明月達士見之而賞心野鳥啼猿遊旅聞之而下淚情不同也今風景猶是風景也而入夜之絃歌不聞人情猶是人情也而隨時之樂事不見撫今追昔不能不感於醇澆之異矣

春

元日設牲醴祀神祇祖先親友相拜酬以栢酒椒盤為樂立春日迎於東郊張筵剪綵有鞭牛之役元夜張燈置酒男婦嬉遊淸明則折柳插戶架鞦韆為兒女戲遊人鮮衣怒馬遍於郊原名曰踏青

夏

四月八日佛浴日僧作盂蘭會午日懸艾繫綵黍角相饋士夫携酒泛舟作折筒之飲即小民亦携一壺劇飲樹下六月六日則汲水作酒麴士晒書農家晒麥又諺云是日雨藥蟲

秋

七夕名為女節設瓜菓乞巧中元祭祖先僧作水陸醮中秋翫月設果餅相飲月下九日登高或飲籬邊親友以糕相餽諺語云重陽無

雨看十三十三無雨一冬乾農家以此卜雨雪

冬　十月一日拜墓送寒衣農家滌場十五日下元做醮冬至賀冬節士紳行之民祭祖十二月八日作臘八粥好施者濟貧二十四日辭竈俗稱諸神上天嫁娶無忌歲盡祀神延祖先祭之是夕作守歲會

五美

樂輸將　耕田納貢此小民之職也有等奸民即日撻而求其輸不可得歷之民不俟催科而輸納如流即士夫亦先民而輸雖輸將固爲當然而較之奸頑者大不相侔

務本業　人皆種田藝圃貧者則樵採傭工以自食其力遠販者少男則貿易女則績紡在鄉者多務樹蓄之政有僻在深山老死不識衣冠者

讀書　章縫之家多教其子弟以績箕裘之業邇來農家亦知延師故青衿半出於鄉而起家科目者往往有之昔所謂十萬人家盡讀書又云齊魯之于文學其天性倘歷得之者多歟

士夫不放債　士宦挾橐中裝而問舍求田猶其上者乃放債以權子母之利刀錐相競以魚肉鄉曲又有一起奸民假搢紳之勢放巳之財搢紳得其一彼得其什不惟主人不知有司亦不敢問歷之鄉紳羞為之故多貧

婦女不出官　秦晉之間有事必婦女出告歷之婦女恒多廉耻即有撁及者亦百計求豁故歷多烈女節婦獨是朔望日女婦猶多辦香而遊菴觀者此尚不可不戒

五惡

衙蠹　無藉之人投售官府以為衣食志在勾攝以漉民血髓又有富室者求免徭役動以數百金買為捕快一差破兩一票數出惡如狼虎非數十金不敢獻跨馬橫行即士紳不敢望可謂烜爀之極

窩訪　一曰窩訪富家子弟騙詐不遂或因素讐即賄窩家揑事件送訪雖良有司昭雪之一拿則身家盡破矣即明知其寃則曰訪犯也姑

薄治之卒使無所控訴

窩盜　無論強竊無窩家則贓無所寄大都皆捕役爲之故人寧爲失盜不敢報盜報則盜未必獲而失主先受其殃比之急則妄咬無辜以肆其詐比之緩則坐地分贓而莫之誰何矣

窩犯　民有訟之官者審其無事而放保寛之也有一起奸民以賣飯爲名[redacted]窩屯人犯無論飯食高其價男子受其拘禁婦女任其奸淫常有數月不能見官者亦可矜之甚

牙儈　若輩假以官稅爲名物擡高價致使騰貴且販夫販婦無一不徵又有一等市虎坐收壟斷之利大肆把持莫敢誰何者此貨財所以不通

論曰道有升降風俗之日趨於瀉也如水之下也莫可禦矣然移風易俗長人司其責故上好音則枯桐嶶金上好紫則市無絳服有風之者耳今横征厚斂閭閻無擔石之儲盜起民貧海內苦干戈之擾似此景象而望有嬉遊之民烏可得哉美惡

攸分覩風者不可不彰癉於斯

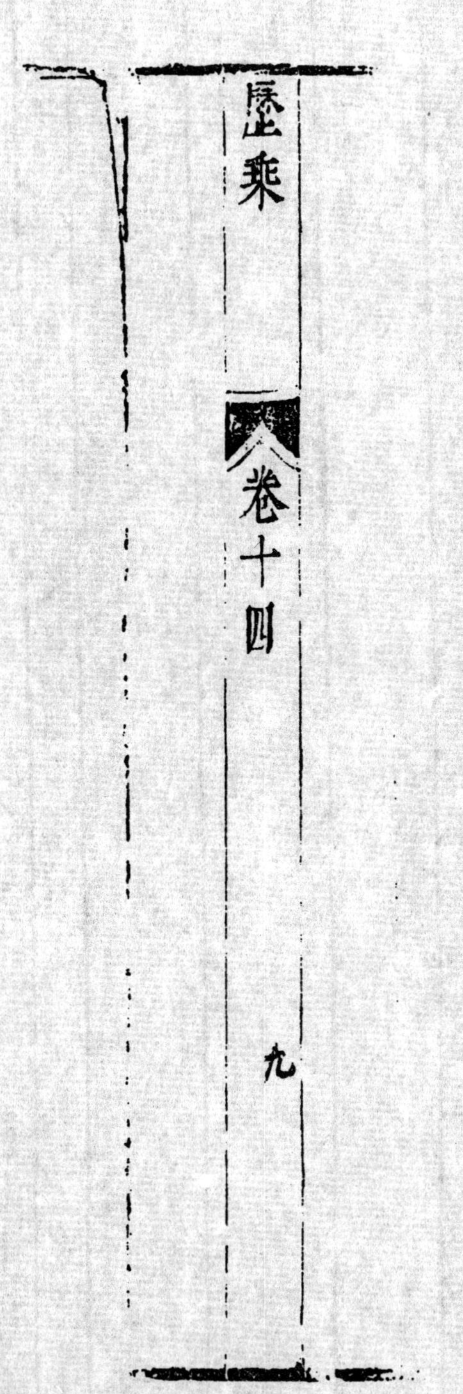

甚遇事之且某謂之法

景物考　　　邑人劉敕撰

達人抱光霽之懷觸景皆趣耳得之爲聲目寓之成色故曰在乎山水之間而已昔韓昌黎股慄於華山之巔程明道註鄠簿以畢太華之願正謂此也歷當齊魯之交羣峰橫翠于南二水瀠洄于北明湖滙之于中亡論太華之峻絶即蘇臺茂苑不勝于此矣昔人標爲八景而滄桑代變湮没者多余廣爲十六景以供達人之遊覽云

錦屏耀日　距歷東南三十里許名曰龍洞四山回合壁立萬仞巉巖危峰橫出倒掛疑有神工鬼斧所爲且丹碧點綴曉霞掩映絢若錦屏山脊一洞捫蘿上之其大如屋其深十八楹可明燭而遊洞下爲靈虛宮旱禱輒雨宮北雙壁若劈水瀧瀧中出曲行數里爲黑龍潭投之以石掉尾激水雲氣歘揚渺焉際空蓋神物所宅也故古達人多登眺于此而勝國尤神奇之固山之絶勝云

玉凸翻雲　距城西南里許連湧三泉名曰趵突凸立波心聲若雷吼勢若雲沸其高數尺晶渺如

練凭欄睇之浪花仰激灑然襲人且泉水冬温夾岍草色四時織碧曾刺史初搆二堂于上近因而廓大之畫桷雕楹暈飛鳥革門横清流亭盤曲水青蘿爲墻白石爲橋花竹相暎光弄樽俎又搆白雪樓于泉干蹰橋而北則爲呂公閣福地神宥景相聯絡展可樂而忘世也故云第一泉

幽㵎黄花　城之南大佛山獨冠諸山之上出廓十里石逕透迤攀藤而上山腰一文昌閣凭閣舒嘯白雲隨風可臨可飲再上則三仙洞松蘿蒙葺真非人境也曲折行里許一刹在山回合之間曰開元寺殿前一井露泉在萬仞懸崖下水泠泠作聲且味甘冽稍上爲望湖亭明湖在指顧間絶巔一峰名文壁嶄嶄勢欲揷天巉巖削壁丹樹黄花究宜秋色故世脩落帽故事則多登眺于此焉

白雲霽雪　德藩有濯纓泉灰泉珍珠泉硃砂泉共滙爲一泓共廣數畝名花匝岍澄徹見底亭臺錯落倒影入波金鱗競躍以潛以咏龍舟輕泛簫鼓動天世稱人間福地天上蓬萊不是過矣且當

雪霽白雲繚繞下接水光上浮天際宮殿隱隱在烟霧中宛然如畫眞宇內未有之奇也故貴人詞客莫不咏觴于斯雖其禁地不可常遊而滙爲明湖流爲清河則餘波所溉殆無窮矣

石洞絶塵　郭之南有千佛山連陵而來羣然北拱去城市僅五里許翠栢蒼松蒙峰翳谷奇根古幹與石交生一刹懸之山腰境界清絶殿側一亭與華不注相對稍上則爲呂公洞眞與一塵不到處也凭欄指顧清河窈窕如帶且湖光明滅萬竈煙

浮城市宮室瞭然在掌股間李于鱗所謂坐久鏡中懸片華望來城上出雙河殆描寫入畫矣出郭浮屠聯絡可信步而涉其巔亦幾城市之山林也

明湖泛月　德藩諸泉之水滙爲明湖湖居城之半萬頃芙蕖榆柳夾岸一當秋夜水光與月明競爽簫聲挾秋氣爲豪眞足鼓枻而歌滄浪也故命舟人揺艇過之遠近芳洲聚如五星樓閣浮屠隱隱錯落紅紫烟花絢如匹錦鷗鷺鳧鴻載鳴載飛出闤逶迤可一艇而達華山之下把酒望月縱談

千古令人直得意于塵垢之外昔人名爲西湖蓋寰中之絶勝云

孤嶂凌霄　城東北十里許虎牙桀立芙蓉秀出高峙小清之上名曰華不注登臨者不假輪蹄由明湖出一帆直達其下山前一宫四帝所居軒豁弘敞廟貌莊古少上爲三元宫爲呂公祠與塵界隔絶諸山縷縷皆入望中由鳥道而上凡三息可躋其巔倚天卓立白雲英英卷舒其下曉日初出海波盡紅聆然長視思欲超安期羨門而與之遊也酈道元云單椒秀澤不連丘陵以自高信哉

清流注海　郭之北二十里大清環轉如帶鹽賈持牙籌都其間蓋樓櫓交通之渠也河自兖西而來曰光閃閃宛若玉龍暴雨驟注洶濤怒擊若萬斛雪從天擲下聲如輥雷且鵲華二峰夾峙而生倒影入水中如畫秋清波静漁笛夜鳴誠枻女鼓艇泛之把酒看山芙蓉秀出醉弄清波衣袖成碧如升蓬橋而坐水晶宫也北望海門浩蕩無際令人有塵外之思禹貢所謂浮濟達河蓋此水云

松韵南薰　歷山舜耕故地人仰其孝乃肖而祠之廼而豆之幾千年于此矣宮殿軒敞金碧相組繡著松古栢不知何代所植風拂其枝如龍鳳翔舞離樅蜿蜒轇轕徘徊聲如吹塤如過雨如水激石如鐵馬馳驟鏦鏗相磨乍大乍小若遠若近又若薰風之入七絃也殿左一連環井榜曰源源右一泉六十年一發發三日即止丁未一夜若轟雷聲水即暴湧潺湲而流經德藩北抵學宮入大明湖絕無止息亦異哉其事乎

荷香北渚　湖干舊多名亭今皆頹焉莫得其趾獨水面亭樓臺軒敞絢然於湖水之湄榜曰湖山嘉境倚欄南望亂峰入雲青林翠竹五色交輝北則垂楊裊裊鵲華出樹杪丈許光景恍惚隱隱如畫圖中羅浮二碣以風雨離合蓬萊兩峰隨波濤上下此地有之且酒酣命楫蕩漾於萬荷之中搔首弄波寒香沁肺沉鱗競躍目飫心怡洵宇內希有之勝故一時貴人多聚飲於此焉

蒼生霖雨　郭門之外趵突泉會天鏡諸泉滙而

爲潭寒碧淵澄波紋不動以石激則旋渦逆湍如沸湯然故老嘗有輪麻縷硾石下測之者盡一輪莫竟其底蓋蛟龍所宮也顛上張元平來宰斯邑每旱禱卽雨元平異焉乃因舊宮而新之大之亭舘交輝組繡相錯榜曰蒼生霖雨宮前有泉盈盈一方清徹可鑑眉睫俯欄視之游魚上下若在琉璃瓶中且星辰倒影若天垂鏡也固不獨以槩勝亦多靈異云

翠屏冊竈　大清之干鵲山峙焉遠望之若萬壘雲屏陟其巔則巉巖削壁如蒼龍脫骨而中有緯蕭毿毿居然扁鵲燒冊處也南望羣峰縹緲抹黛浮青偃翠出有入沒俯瞰大清漁舟賈艇映帶日月飛鴻翔鶴遠勢盤空秋波動地無殊廣陵濤也海門東去浩淼奔騰與天無際固宇宙之大觀也志稱七夕烏鵲多集于斯倘亦駕鵲橋而通銀漢乎孫覿詩云烏鵲填成天上路鬼神鞭出水邊山若爲斯咏矣

巖畔飛泉　郭東南城壕之干懸崖數丈許下一

泉噴珠飄練澄徹可鑑眉睫泉溢而出轟轟下瀉澎湃百狀飄者若雪斷者若霧綴者若旒掛者若簾瀉爲圓池名曰太極池中屹然一巨石水石相擊珠迸玉碎縈廻作態其聲如昆陽巨鹿之戰萬人鳴鼓尾主相應以浮白酬之坐十丈外泉濛濛灑人不寒而慄崖上一祠若空中出松蘿可攀雖無亭榭之觀亦閴然一幽境也

會波返照　明湖之北泉流交會昔由晏公廟下轉折而北夕陽由券內斜射倒影入水中故名會波返照自北門改而南券塞則此景隨屬烏有孟賓竹觀察於水之南結爲樓臺崔巍壯麗花竹蘢葱凭欄把酒滿目湖光亦湖中之勝也觀察歿則此亭幾廢余解綬歸乃卜築於茲易名爲水雲居又名其樓曰白鷗閣構堂五楹日遊息于茲嘗自咏云閑來庭畔鋤荒草興到湖干理釣絲故詩集因以白鷗集名

竹港清風　明湖之干園名小淇昔大司農趙公以忤江陵削籍乃種竹湖上咏嘯自怡厥後起家

其公子伯玉稚度蕭蕭有山林之致乃誅茅結屋始勤垣墉又數年竹皆盈把初謝籜色瑩如玉清陰踰里設有阮籍諸人再出當醉倒其中矣竹徑透迤而東增以亭榭名花錯繡榆柳夾䕶景趣幽絕且截木爲舟採石爲山一觴一咏可登可臨故貴人豪客多遊覽于斯遂稱湖干之勝槩云

鮑山白雪　郭之東三十里有鮑山蓋叔牙與仲父分金處也李于鱗少負詩才乃卜築于此結樓居之榜曰白雪爲北部時日携萬卷其中故詩逾工名逾起與王元美輩結社中原眼白無一世世有遇之者亦願執鞭箠拜下風焉于鱗嘗自咏云大清河抱孤城轉長白山邀返照迴蓋此地也南豊先生詩謂雲中一點鮑山青夫鮑山一點青耳托叔牙于鱗兩先生以不朽嗚噫亦山之幸哉

論曰景自天開物由人重名山勝水士生其間必題咏點綴而後可爲山水之助假徒逍遥偃傲拚一醉於湖山奚貴哉雖然時和物阜桑井亦太平之觀財盡民窮山川皆黯淡之色君子轂扶宇宙

人物

邑人劉勅撰

天地爲鑪造化爲冶人物鼓鑄其中得精氣者爲仙釋得淑氣者爲賢人君子得正氣者爲忠烈得秀氣者爲韻人才女不然濁氣所生則爲貪污奸黨耳故流芳者動千年之仰止貽臭者留萬世之笑罵嗚呼等人耳而芳穢不同非天造人亦人之自造也思齊内省寧不存乎其人哉

名臣

歷據山水之勝故英喆挺起尚論其人績勤旂常

者不可更僕數或忠義維綱洎孝友之範俗或高風振激矜雅操之羽儀或坐掌絲綸列黄扉而班虎觀或手搦彩筆主詞翰而上雞壇是皆毓靈於桑梓增重乎江山者也雖若存若亡之間不能盡攷實不忍其人與世徃也故表而出之

周

公晳哀　字季次齊人以不仕家臣故孔子賢之

漢

伏勝　字子賤濟南人秦博士以秦禁書壁藏

之漢定天下求其書得二十九篇以教於齊魯之間孝文時求能治尚書者召勝勝時年九十餘老不能行詔晁錯往受之勝老不能正言言不可曉使其女傳言教錯今文尚書是也唐封乘氏伯從祀孔子廟庭

終　軍　字子雲濟南人辯博能文武帝時年十八選爲博士弟子初軍步入關關吏與繻軍曰大丈夫西遊終不復傳遂棄繻而去後爲謁者給事中東出關關吏曰此前棄繻生也累擢諫

議大夫後使南越年二十餘世號終童

林　尊　字長賓濟南人事歐陽治尚書爲博士論石渠官至少府太子太傅授平陵平當梁陳翁生後當至丞相翁生爲信都太傅家世傳業由是歐陽有平陳之學

王　訢　濟南人有才行武帝時爲被陽令以御史暴勝之薦徵爲右輔都尉守右扶風視事十餘年有政績昭帝時代車千秋爲丞相封宜春侯謚曰敬

公王帶　濟南人武帝時泰山欲作明堂未曉其
制王帶進黃帝明堂圖上從之乃作明堂如其
圖制
王　賀　平陵人武帝末年東方盜起上使范昆
張德等衣繡衣持節虎符發兵擊斬賀亦以繡
衣御史逐捕魏郡羣盜多所縱舍以奉職不稱
免嘆曰吾聞活千人子孫有封吾所活者萬人
後世其興乎嗟嗟莽賊簒弑舉族誅夷賀之陰
德固難憑矣酷如張湯而五世貴顯茫茫天道
不幾為千古笑柄哉

伏　湛　濟南人伏生九世孫事光武任內職典
舊制雖在倉卒造次必以文德為禮樂教化之
首信乎中興良相矣然而先事莽賊任繡衣執
法君子不能無白璧微瑕之譏
伏　隆　湛之子為光祿大夫時張步據齊帝命
隆往諭之步逼隆使降焉隆不肯遇害若隆者
亦烈矣哉不辱君命此可以稱士
伏　完　湛之裔女為獻帝后時曹瞞無君常與

后議密詔完圖之卒之事洩曹弒后并殺完說者謂大夏將顛非一木所支禍延母后識者有遺恨焉然忠心耿耿千古尚存生氣此可與隆媲美窮經之伏老苗裔何其盛歟

吳子蘭　歷城人獻帝時爲將軍隨帝許畋射獵惡曹操無君董承受密詔討操蘭與承合謀謀洩爲操所殺說者謂事幾不密則害成然炎運告謝人力豈足以勝之蘭之忠肝義膽昭昭乎揭日月而行青天老瞞之魄從此褫矣

晉

解系　字少連濟南人系及二弟結育並以清潔著名系累遷雍州刺史與趙王倫討氐羌倫用佞人孫秀與系爭軍事朝廷知系守正而召倫還系表殺秀以謝氐羌不從被秀譖免官結

歷官至御史中丞

唐

賈閏甫　歷城人李密之據東都也甫實爲謀主密殺翟讓頗自驕矜開洛口倉任人取給自倉

城至郭門米棄委厚數寸羣盜就食者近百萬
密喜以食足食甫諫曰國以民爲本民以食爲
天今民所以襁負如流而至者以所天在此故
也有司曾無愛吝一旦米盡民散明公孰與成
大業哉密不聽甫夜乘驢而去莫知所之嘗謂
隋末之士徐洪客淩敬賈閏甫謀畫不亞房杜
皆畧試其奇飄然遠引捨太宗而不事不解其
何意也

秦瓊 字叔寶歷城人從太宗戰伐敢勇先登
累立奇功官至左武衛大將軍卒贈徐州都督
胡國公謚曰壯圖像凌烟閣

羅士信 歷城人年十四齊郡太守張須陀擊賊
維水上士信請自効須陀少之士信怒破重甲
左右韃上馬顧盼許之陣纔列執長矛馳入賊
營刺殺數人無敢抗須陀乘之大破賊後歸李
密見獲於王世充復降高祖拜陝州道行軍總
管從秦王擊劉黑闥守洺水城城陷不屈而死
追贈越國公謚曰忠勇

員半千　字榮期全節人其先劉氏十世祖事宋及齊禪奔元大自比伍員因賜姓半千始名餘慶以五百年一賢者生因改名凡舉八科皆中尉武陟歲旱同令出發粟賑民舉岳牧高宗問兵家三陣對以天時地利人和武后詔爲弘文館直學士武三思用事出刺亳隸蘄三州以文雅飾吏事所至禮化大行以清白稱及卒吏民哭野中

崔融　全節人擢入高第武后幸嵩見融銘啓母碣嘆美之遷內史鳳閣舍人時有司議關市行人盡征之以融諫止融爲文章華婉朝廷大筆多委之其洛出寶圖頌尤工卒謚曰文子禹錫中書舍人翹禮部尚書

郭虔瓘　歷城人開元初錄軍閥累遷右驍衛將軍兼北庭都護明年突厥默啜子同俄特勒圍北庭虔瓘餝壘自守同俄单騎馳城下勇士祖道左突斬之虜丐降以功授冠軍大將軍封潞國公嘗奏家奴八人有戰功求爲遊擊將軍宰

相劾其恃功亂綱紀罷之後與阿史那獻數特
異交訴諸朝玄宗遣詔書諭解度瓘奉詔卒軍
中

崔　從　字子文融曾孫擢進士第歷官攝守邛州
劉闢反從不附募民城守爲御史中丞所彈治
不屈權幸俄授陝州觀察使遷尚書王承宗請
割德棣而遣子入侍憲宗選堪使者命從往從
宣詔爲陳順逆大節禍福之效承宗感泣累官
檢校尚書左僕射節度淮南卒贈司空謚曰貞

崔慎由　字敬止從之子由進士擢賢良方正累
官工部尚書與蕭鄴有隙初宣宗因國嗣未立
欲肆赦患無其端慎由曰太子天下根本若立
之赦爲有名帝惡之不答鄴乘閒譖之改河中
節度使卒謚曰貞

宋

王　杲　齊州人宋初征澤潞平揚州皆有功累
遷都虞侯嘗命杲護送趙保忠保忠以方物賸
杲不納太宗知之賜白金百兩以戰功遷靈州

相助其侍人乃亂綱紀罷之後與同史彬歷數詩
異交許朝玄宗遺詔書論解度理奉詔率軍
中
崔
從字子文陳留孫擢進士第歷官雜守邛州
劉闢反從不附率民城守為御史中丞所彈治
不屈擢主簿檢校陝州觀察使遷尚書王承宗請
割德棣而遣子入侍憲宗選能使者命從往從
宣諭為陳順逆大節禍福之效承宗感泣果守
檢校尚書左僕射節度淮南卒贈司空諡曰貞

崔
慎由字敬止從之子由進士擢賢良方正累
官工部尚書與蕭鄴有隙初宣宗因國嗣未立
微卑疾患無其端慎由曰太子天下根本若立
之赦為有名帝遲之不行鄴乘間譖之罷河中
節度使卒諡曰貞

宋

王
畀齊州人宋初征澤潞平揚州皆有功累
遷部度使嘗命畀護送趙保忠保忠以方物饋
畀不納太宗知之賜白金百兩以獎功遷靈州

副部署歷知幷夏二州

范正辭　字直道齊州人第進士調安陽主簿太宗時累官江南轉運使有民爲盜掠財官爲捕繫十四人獄具當死察其冤捕得真盜釋前繫者官至河東轉運使

范　諷　正辭之子舉進士真宗時知平陰縣會河決王陵埽水去而田失阡陌累訟不决諷分别疆畔者爲券民不復爭尋通判鄆州詔塞河决州募民入芻揵而城邑與農戶等諷使富人諭三之二因請下諸州以鄆爲率朝廷從之徙

知廣濟軍民避水堤居凡給徭于官者悉縱使護其家奏除其租賦後知青州

馮　瓚　字禮臣歷城人父知兆瓚以蔭補秘書郎歷漢周累官集賢院學士宋初爲兵部郎中善談論有史材太祖甚寵之擢左諫議大夫出知郢州有水利請蠲與民從之乾德中爲樞密直學士時蜀亡命者爲盜瓚擒斬其首餘黨千餘並釋之趙普忌其才密奏其短流沙門島太

宗復用之官至大理卿

李　冠　歷城人以文學稱同三禮出身與王樵賈同齊名調乾寧主簿著東皐集

王　沔　字楚望齊州人聰察敏辯有適時之用太平興國初進士累官參知政事上前言事能委曲敷繹弟淮亦舉進士任殿中丞

李昭玘　字成季歷城人少與晁補之齊名擢進士通判潞州潞民死不葬昭玘斥官地畫兆竁其旁衆作文風曉之累官提點京東刑獄坐元豐黨奪官居閒十五年則圖畫十囊命曰燕游十友紹興初復官時陝西有車吉被誣盜釋之後過於道獻名馬笑却之

魏　花　歷城人短小精悍輕捷如猫善騎射工間諜為狄武襄所知隨征西夏廣南多建奇功官至都指揮

張　揆　歷城人舉進士仁宗時擢天章閣待制兼侍讀一日進讀漢馬后傳因言今妃族太盛宜裁損使保其家帝嘉納之加翰林侍讀學士

知齊州
張掞　掞之弟幼篤學舉進士仁宗時知萊州
掖縣訴旱於州拒之掞自為奏聞詔除登萊稅
以戶部侍郎致仕
劉庭式　字得之歷城人舉進士通判密州後監
太平觀以壽終初庭式約娶鄉人之女及舉進
士女以疾盲且貧甚其家不敢復言庭式卒娶
婦死哭之甚哀程顥蘇軾皆嘆以為不可及
李格非　字文叔歷城人用意經學著禮記說數十

萬言舉進士累官禮部員外郎嘗著洛陽名園
記謂洛陽之盛衰天下治亂之候也其後洛陽
陷於金人以為知言妻王拱辰女亦能文其女
乃易安所著有文集四十五卷高雅條暢在晁
秦之上
呂頤浩　歷城人舉進士高宗時歷知江陵府會
苗傅作亂頤浩倡義勤王與張俊語曰今事不
諧不過赤族為社稷死豈不快乎陞中書門下
平章時浩獨秉政屢請興師復中原趙鼎以為

不可輕舉因劾其專恣遂罷相卒贈太師封秦國公諡忠穆所著有文集十五卷後三卷爲燕魏雜記古今事末卷言金人亂華始末甚詳

王　衣　字子裳歷城人以廕補官又中明法律建炎初爲司勳郎中遷大理少卿累遷刑部侍郎衣質直和易持法不阿所全活者甚衆議者賢之

辛棄疾　字幼安歷城人少與党懷英同師蔡伯堅筮仕決以蓍懷英遇坎因留事金棄疾得離

決意南歸紹興末縛宋叛將歸朝歷官樞密都承旨嘗作九議并美芹十論上之歷更外任累遷龍圖閣待制棄疾與朱熹素善熹歿黨禁方嚴獨爲文往哭之卒諡忠敏所著有稼軒集

崔　縱　歷城人當高宗南渡時縱爲行人使金金人喜其才辯迫之使仕縱不從與洪皓同放冷山久病革謂皓曰死題我宋行人某之墓毋雜於虜也皓灑酪操文以祭情詞激烈聞者髮指然當檜賊主和之日竟無一字之褒何以慰

節士於九原也

金

范　拱　字清叔歷城人九歲能屬文深於易學在宋舉進士金元顏宗弼領行臺省事以爲官屬多陳百姓利病除淄州刺史未幾致仕大定中詔除太常卿議郊祀禮尋復致仕

董積躬　字師道濟南人天德中舉進士歷縣尹知海州群盜出没積躬峻城郭嚴圻堠盜不入境尋規措京兆府三白渠事至日以便民爲已任凡所灌溉均得其利累官山東路轉運都勾判官兼提舉學校事

元

張　榮　字世輝歷城人狀貌奇偉金末兵起榮率衆據濟南尋歸元授山東行尚書省兼兵馬都元帥知濟南府事累立戰功勸止主帥殺戮綏來流民政績爲天下第一李璮據益都覬以馬蹄金榮曰身既許國何可橿戈鄉境却之世祖特封濟南公卒年八十三贈忠襄王

卷十六

元

正

十二

張宏　歷城人榮之子師青州惠愛有父風男
盡配宗室女盡適宗室一時侈爲榮焉然以華
人不避犬羊之恥其如識者所鄙何
劉伯林　歷城人任俠善騎射金末爲威寧防千
戶歸元以功累遷西京留守兼兵馬副元帥伯
林在威寧十餘年務農積穀與民休息隣境猾
瘵而威寧獨爲樂土及卒追封秦國公
孟德　歷城人由鄒平縣令累官同知濟南路
事數從世祖征伐有功遷沂郯萬戶階至昭勇

大將軍
張均　歷城人父山從伐宋以功爲百戶戰死
均襲父職世祖時累立戰功授宣武將軍松江
萬戶大德中爲和林等處都元帥鎮國上將軍
武秀　歷城人仁宗時以清譽擢爲蒙陰令經
制有方規畫有法興學校勸農桑數年民愛戴
如父母遷山東東路運使去後民爲立石
韓鏞　字伯高歷城人延祐中進士累官翰林
侍講學士拜侍御史以剛介知名罷歸起爲饒

州路總管廉正有爲僚屬亦化之終其肅行省
參知政事
潘昂霄　歷城人號蒼崖先生雄文博學爲當時
推重官至翰林侍讀學士所著有蒼崖類稿金
石例子詡爲江西提刑理問
劉　斌　歷城人屢立戰功爲濟南新舊軍萬戶
鎮邳州將卒語其子曰居官當廉正子守毋瀆
貨利喪名敗家贈彭城郡公謚曰武莊
劉思敬　斌之子襲父職爲征行千戶世祖南征

攻臺山寨先登從討李璮捕盜有功累遷懷遠
大將軍終江西行省參知政事卒謚忠肅
劉　嶷　伯林子幼隨父征討畧無懼色襲父職
萬戶兼都元帥滅金伐宋累官都總管萬戶尋
命巡撫天下察民利病應州郭志全反詿誤者
五百餘人有司議盡戮之嶷止誅其首數人世
祖時命兼成都路軍民經略使封秦國公卒謚
忠惠子元振元禮皆有勇畧元振官至潼州路
招討副使

劉元禮　嶷之子沉厚有謀至元初累官潼州路漢軍都元帥宋制置夏貴率軍五萬犯潼州元禮所領纔數千諸將咸有懼色元禮曰料敵制勝在智不在力乃出戰屢破之復大戰蓬溪元禮激厲將士大呼突入陣所向披靡大敗貴兵又奏脩眉州城以扼嘉定往來之路從之興役七日而畢宋人駭其速元禮鎭守眉州五年乞解官養母從之

張　炤　字彥明歷城人幼穎悟力學世祖時歷

官揚州鎭江東昌三路總管所至吏民畏服上下安之後謝病歸嘗購書八萬卷以萬卷送濟南府學卒追封清河郡侯謚敬惠

李　綱　濟南人泰定中知濟寧州以禮諭民嚴於捕盜旱蝗引咎祝天卒獲大稔常罷塞河之役奏免飼馬治刀陽湖爲田闢舊祭田供祭費公私便之嘗有麥穗三岐之瑞

劉吉義　歷城人成宗時爲禹城尹興學校均賦役撫流亡民有訟者以義諭之率有感服時有

嘉禾一莖九穗人刻石頌之

魏中立　字伯時歷城人歷官御史中丞遷守饒州時盜賊竊發中立率丁壯戒守備俄而賊至擊郡之賊復合爲所執欲屈降之大罵不已遂遇害

陳埜傑　歷城人至元間爲鄒平尹勤心撫字役均事集境内大治以憂去民詣闕留之上允其請特授奉訓大夫

國朝

張　紳　濟南衛人以從事戎馬間洪武中以勇畧薦授浙江布政博學工詩所作清新典則有古人風今有詩集

秦　琰　字居敬歷城人洪武中領鄉薦累官刑部侍郎才行見譽於時

趙　紳　歷城人以永樂辛卯舉人初授監察御史激揚有聲劾尚書金達出爲揚州府同知後轉至江西參政皆卓然有聲以老疾致仕而歸朝廷念其廉介賜半俸養老

嘉禾一莖九穗人以為德之

魏中立　字伯濟歷城人歷官御史中丞遷守龍

州府時盜賊蜂發中立率丁壯城守備禦而賊至

攀城之賊復合為所執[illegible][illegible]之大罵不已遂

遇害

陳[illegible]傑　歷城人至元間為鄒平尹勵心撫字後

均平集荒內大治以愛士民著聞郡路之上允其

請特授奉訓大夫

明朝

熊紳　濟南臨[illegible]人以從[illegible][illegible]為[illegible]洪武中以身

[illegible][illegible]授浙江布政博學工詩所作清新典則有

古人風今有詩集

秦琰　字居敬歷城人洪武中[illegible]鄉薦累官[illegible]

部侍郎才行見稱於時

趙紳　歷城人以永樂辛卯舉人[illegible]授監察御

史[illegible][illegible]有聲劾尚書金[illegible][illegible]為福州府同知後

轉至江西參政皆卓然有聲以老疾致仕而歸

朝廷念其廉介賜半俸終老

薛　理　歷城人永樂甲辰進士授行在戶科給
事中宣德初中官驕橫理論劾剴切尋授衛州
府知府有惠政嘗捐俸貲給士之窮乏者在郡
數年以疾乞歸

王　允　字執中歷城人少孤勵志讀書中正統
乙丑進士官至布政事母克盡孝愛所至以清
操稱母卒廬墓哀毀景泰三年有司上其母貞
節允孝行兩旌表

尹　旻　字同仁歷城人正統間鄉貢第一登戊
辰進士授翰林庶吉士改刑科給事中遷通政
司參議屢陞吏部尚書有知人之鑑所選吏皆
稱職京卿有選法不如尹旻之譏卒贈太保謚
恭簡

李　森　字時茂景泰末進士授給事中有直聲
每奏先具稿於外以疏斥萬妃家人驕橫謫定
州同知士論榮之

鄒　襲　字繼芳濟南衛人以成化丙戌進士拜
南京兵部郎中居官清苦及歸杜門三十餘年

不出以詩文自娛士大夫往謁之未嘗干以私
鄉人推重之

劉　瓛　字廷珍濟南衛人鄉貢第一成化己丑
進士歷官刑部郎中才識明決折訟稱平陞都
御史自爲墓誌著平生勤苦之節

張　鼐　字用和歷城人成化乙未進士爲監察
御史劾論李孜省出爲郴州判官尋起河南僉
事治河有功汴民立生祠祀之累陞都御史巡
撫遼東召入掌院忤逆瑾落職而歸瑾敗復官
學者稱爲栢山先生祀於鄉

趙　璧　字潤夫歷城人成化戊戌進士授刑科
給事中時萬妃家人驕橫璧奏劾謫榮經主簿
天水六番高楊二招討讐殺不止璧奉命往諭
至則帖服酬以金帛不顧弘治改元謫無爲州
判官尋陞知州陝西僉事行部至永昌金川堡
遇虜賊千餘騎璧挺身與敵斬首數十顆奪馬
數十匹尋卒於官朝廷嘉其功遣官以羊酒祀
於家

王勅　字舜論歷城人成化甲辰進士及第授翰林編脩謫判夷陵陞四川僉事河南提學副使終南京國子監祭酒博極羣書尤善風角習堪輿推驗多中人傳有仙術所著有五經通旨漫遊雲芝之諸稿大成樂譜平輿張鶴鳴有傳見文苑

邊貢　字庭實歷城人弘治丙辰進士授太常博士擢兵科給事中累遷河南提學副使陞南京戶部尚書貢與北郡李夢陽信陽何景明相友善肆力古文尤長于詩有詩文二十卷藏於家

徐暹　字進甫歷城人弘治壬戌進士任給事中正德初疏劾逆瑾落職七載不入城市瑾敗起山西僉事尋陞副使時有巨寇號混天王刼掠郡縣暹不煩兵以計平之民為之謠曰不發一矢賊乃盡死不苟厥戈賊死實多卒於官

陳輗　號近山丙戌科進士為諸生時遇呂仙後稚稅維楊復遇比守臨洮有殲虎除妖之政

其得之仙術者多也及解組歸田以五馬之貲布衣角巾徒步懷刺大有古人風有遇仙傳臧虎賦見文苑

趙繼本　字成德中韓應龍榜讀書中秘改爲御史出按江南勦江賊有功　上欲南狩抗疏止之下獄三日督學北畿蒐古文之萃者彙爲一集名曰舉業式程士翕然宗之後兩孫相繼領鄉書倘亦天之所以報名臣也

李攀龍　字于鱗歷城人穎異倜儻爲諸生時語許殿卿曰吾儕當作好詩飲醇酒毋效幽蹄輩所爲也鄉試第二人登第與王鳳洲諸君號海内五才子爲比部築白雪樓於鮑山之下讀書其中名益顯及督學關中策士題云孔門七十二賢賢賢何事雲臺二十八將將將何功士盡曳白比提刑中州人莫敢撓以法無何歸里而卒焉有滄溟集四海爭寶之竟無嗣亦天之忌名也夫

殷士儋　其先武定人徙歷城天資穎異弱冠以

禮經魁於鄉登第讀中秘書世廟御經筵問漢
霍去病穿域蹋鞠衆莫能對獨公剖解甚悉上
稱之曰眞翰林隆慶戊辰知貢舉稱爲得人新
鄭專政屢加排擠遂避以歸築廬於濼水之濱
號川上静含發明經史後學從者如雲卒謚曰
文莊有所著金輿山房集懲鑒錄明農軒樂府
二千文行於世士林稱曰崇川先生仰之如太
山北斗云

趙世卿　歷城人性深沉善古文辭登第筮仕司
李擢主政時江陵專政卿條陳時政觸其怒遷
鄉楚藩左史旋報罷歸江陵物故起儀部郎開
府中州歲設法救荒兩河之民多所全活晉司
徒留心度支盡釐夙弊迨攝冢宰篆大計郡吏
黜陟惟明上以羊酒勞之京上有云清朝一聖
主昭代兩直臣蓋謂丘橓與世卿也後告歸小
村庄而卒焉所著有司農奏議八冊

王見賓　濟南衛人少負英姿博覽群書工古文
詞爲諸生時太有駿聲登第任南陽疏究推猾

爲名司李遷爲比部尚書讞多所平反出守開封理繁治劇士民懷德仁政流洽爲良二千石治兵漁陽餙戎馬明賞罰中外倚若長城開府延綏虜人相戒以爲韓范復出不敢秣馬南嘶比予告卜築于明湖之干卒焉嗚呼政事文學聖門猶分爲二公乃以文章餙吏治共一代之全才也夫

穆深　歷城人七歲能文督學周鶴皐呼爲神童戊子中亞魁壬辰登第時神廟靜攝不親臨軒公深丹墀獨對冢宰器之擢銓部郎萊守持三千金爲公壽公卻之秉公持正權璫所忌竟削藉焉歸囊如掃亡何長逝祀於鄉

陳九疇　號東華丁丑進士歷官憲副爲諸生時里中有狐精先一日語人曰明日有陳水部來也後果驗焚逋劵却女色戒請託言動毫不苟眞古君子也厥後仲子載春登庚辰進士官憲副子孫繩繩亦天之報施善人乎

已也要在勲業文章與天壤共敝昔自周及今上下數千載駕輕策肥列嚴扉而叨主眷者不知若而人其在歷下則寥寥可屈指數嗚呼甚矣名之難副也今之列在鄉賢者非不皆表表可紀然羊裘而狐袖者有之故又標爲名臣一傳云

名宦

祀典云功在社稷則祀之太上爲國死事次扞侮禦患克保封疆再則潔己惠民大有興除至其容容奉官僅能不溺其職則祀典不載焉近世孝子欲榮其親當事欲私其友則不論其生平何如輙俎豆於大聖人之門遂使馬質冒以阜比鴞聲數以雌嗜而宫墻爲之無色矣司教化之責者其慎諸

周

鮑叔牙　齊卿進管仲於桓公以身下之天下不多管仲之賢而多鮑叔能知人也子孫世祿於齊有封邑者十餘世

管仲　潁上人相齊桓公通貨積財富國強兵

葵丘一盟天下宗齊故尼父云一匡天下仲之
力也

逄丑父　齊卿成公二年晉師及齊師敗績逐之
三周華不注丑父與公易位使公下如華泉取
飲鄭周父御佐車宛茷爲右載齊侯以免韓厥
獻丑父郤獻子將戮之呼曰自今無有代其君
任患者郤子曰人以死免其君我戮之不祥遂
赦之以勸事君者

漢

郅都　濟南太守郡人瞯氏宗族三百餘家豪
猾難制都誅其首餘皆股栗居歲餘道不拾遺

劉寵　平陵令以仁惠爲百姓所愛及代去老
幼塞道留之

南北朝

薛聰　魏齊州刺史政存簡靜卒於州吏民追
思留其所坐榻以爲遺愛

韓麒麟　魏齊州刺史在官以寬仁從事劉晉慶
說之曰無所斬戮何以示威麒麟曰人不犯法

何所殺乎必須斬斷以立威當以卿應之普應
慚而退
房彥謙　北齊齊州治中周師入鄴彥謙痛本朝
傾覆將糾率忠義潛謀匡輔事不果而止齊亡
歸于家

隋

趙軌　齊州別駕有能名及被徵父老揮涕送
之曰公清如水不敢以壺漿相送請酌一盃水
奉餞軌受而飲之

王伽　開皇末爲齊州行參軍送流囚七十餘
人詣京師悉脫其枷與期依期而至一無離叛
文帝聞而驚異之召見稱善并赦流人
張須陀　大業中爲齊郡丞會興遼東役百姓失
業又屬歲饑開倉賑給不俟詔報

五代

郭瓊　周齊州防禦使民饑瓊以已俸賑之人
懷其惠相率詣闕頌其德政詔許立碑

宋

李漢超　齊州防禦使有善政齊人詣闕求立碑
頌德太祖命徐鉉爲文賜之
王巖叟　知齊州先是巖叟言河北榷鹽法尚行
民受其弊至是請以所言鹽法行之京東
范純仁　知齊州齊俗凶悍純仁治以寛時有盜
竊而督償者繫司理院純仁欲使保外輸納適
判曰此釋之復案官司往往待其疾斃純仁曰
法不至死以情殺之豈理也耶遂戒飭而釋之
使自新因權呼而出轉相告語是歲犯法者減

半
蘇轍　齊州掌書記有文名
曾鞏　知齊州會朝廷變法遣使四出鞏推行
有方民用不擾及代去州人絕橋閉門留之至
夜乘間乃得去
晁補之　知齊州力於爲政有群盜晝掠途巷補
之默得其姓名一日宴客召賊曹授以方略酒
行未竟悉擒來一府爲懾讋
李常　知齊州齊多盜論報無虛日常得黠盜

剌爲兵使在麾下盡知囊括處悉發屋破柱拔
其根株姦無所匿

元

趙　炳　世祖時濟南路總管府奸民作亂炳止
罪首惡餘黨解散歲凶發廩賑民而後以聞

胡祗遹　山東東西道提刑按察使所至抑豪右
扶寡弱敦教化勵士風民有父子兄弟相訐者
必懇切諭以天倫之重不獲已則繩以法

趙孟頫　濟南路同知署總管府事官事清簡嘗

斷寃獄郡中稱爲神明

王　構　濟南路總管學田爲牧地所侵者理而
歸之官貸民粟歲饑而責償不已構請輸以明
年

國朝

安　然　洪武中山東中書省參知政事立心平
正撫綏勤勞祿止養兵餘以給公用後陞御史
大夫

熊　鼎　洪武初山東按察司僉事公平正直斷

獄平允凡有所劾務從大體

崔　亮　洪武初濟南知府撫綏得宜士民感服
後陞禮部尚書

鄧　瑜　洪武間濟南衛指揮同知將率軍士從
征囑其妻曰我爲人臣當盡死節汝爲人婦能
盡貞節乎胡氏許諾瑜竟歿於陣胡氏亦守節
不渝詔旌表其門

徐　鐸　洪武間山東布政學術正大涖事公平
入爲戶部尚書

徐　安　洪武末濟南知府精通吏事爲政有方
於庫藏出納之弊尤掃清無遺

馬　麟　永樂初山東布政惠澤及人持法不撓
僚屬敬畏百姓獲安

房　安　永樂中山東參政天性剛毅涖事敏達
人皆憚之

段　民　永樂間山東妖婦唐賽兒作亂三司官
以縱寇誅詔推廷臣乃舉民爲山東參政下車
敷宣德意整飭紀綱撫綏殘弱剗革宿弊東方

以寧官至刑部尚書
何文淵　永樂間以監察御史巡撫山東時豪右
侵漁百姓兼軍衛多橫文淵發奸摘伏吏民畏
之如神官至吏部尚書
劉中敷　宣德中山東布政天性質直廉靜樂易
吏民懷畏召爲戸部尚書
王質　正統初山東布政在任廉勤臨政果毅
人服其公以清譽聞有王青菜之謠召爲戸部
侍郎

年富　正統中以副都御史巡撫山東廉靜寡
欲遇事敢爲按行諸郡官吏畏服奸豪屏迹召
爲戸部尚書
張驥　正統間以大理少卿巡撫山東值歳饑
設法賑濟民頼全活山東設巡撫自驥始東人
至今稱之
陳泰　正統間巡按山東克振風紀以藩憲多
匪人陳疏數千言大要以遷賢去奸爲治本
上嘉納之遷副都御史

盛顒　正統間山東旱饑廷議遣大臣巡撫廣
薦顒以刑部侍郎改副都御史下車禱雨即應
民賴全濟又建祠以祀前代聖賢有功於齊魯
者黜貪暴表忠良除苛政凡三年政化大行風
俗以變

馬諒　正統間山東參議始至巡行郡邑訪庶
政得失察百司賢否時降虜安置山東者欲乘
機爲亂諒集衆諭之衆咸帖服民有惑於後妻
欲寘子於法諒諭父母曰爾子凶德乃吾屬教

令之失非由爾之罪父母感悟請釋還爲孝子
疑獄久不决者一訊即伏於負冤者尤爲辯雪
官至戶部侍郎

盛杲　景泰間以監察御史清山東馬政值地
方災傷上疏乞蠲民所負

王宇　天順間山東布政時累歲不登民皆流
移　上以璽書託宇安撫之乃設法賑濟不憚
驅馳民賴全活者數十萬人召爲副都御史

郭觀　天順間巡按山東首劾三司正佐三四

人去貪墨决冤獄一循公法遷廣西僉事

陸　瑜　天順間山東布政器量偉宏諳練政體召爲刑部尚書瑜從孫偁弘治十七年巡按山東决數十年疑獄革濟寧上下漕閘濫設夫役數萬人値大比監場聘王守仁主試名士盡收東人稱科目之盛者此最

侯　宣　天順間知歷城縣賑饑决獄興學弭盗嘗奏免牧馬民受其賜德政有碑

許　進　成化間山東巡按剛正嚴肅貪汚望風解組賑恤饑荒平反獄囚官至吏部尚書

白行順　成化間知濟南府緩刑興學撫散賑窮尋陞山西叅政士民遮留不獲乃爲之立碑

衛　英　成化間濟南府同知志行高潔蒞政嚴明陞去行李蕭然人服其清

楊文卿　弘治間提督山東學政造就生徒勤懇不倦秉公黜陟士心允服

王　越　弘治初山東按察使慷慨明敏見事風生精練吏事深得憲體官至太子太保封咸寧

伯

牟俸　弘治初以副都御史巡撫山東值歲大饑設法賑濟全活數萬人大小清河湮塞建議脩濬民大稱便

原傑　弘治初以副都御史巡撫山東有才望嘗建議築館陶城併館陶有城自茲始

于大節　弘治間山東按察使有手裁卒於官櫬回濟南人攀號送者塡塞於道

方良永　正德間任廣東僉事爲起復不謁劉瑾捏旨着致仕家居數年及瑾誅起用歷陞山東右布政使廉明節愛一時士民翕然感頌後陞浙江左布政使上疏劾朱寧囑鈔爲寧所憾遂三疏乞休嘉靖初起用爲山東巡撫良永復以母老力乞終養蒙恩准終養復行有司月給祿米三石以旌孝廉累陞至刑部尚書卒謚曰簡肅

趙璜　正德間知濟南府爲政敦大體不事苛急有德政頌後以都御史巡撫山東尤極力搘

循東方以靖

姜　洪　正德初山東布政時流賊猖獗洪飭兵繕守民恃無驚擾服食淡如後陞山西巡撫行

李蕭然

黃　瓚　巡撫山東時值　武廟南巡調度有方民恃不擾性鯁直嘗面斥人過平生清苦士論重之

孫　燧　正德間山東按察使明習法律獨持憲體　朝命三堂按歸善王慮有他擬檄兵爲防燧毅然往不終朝具獄草疏以待明決類此士論偉之

王　相　正德間巡按山東訪除民蠹摘伏如神時朱寧怙寵遂被譖逮繫

余　翔　正德間知歷城縣性清直不受請託節財用均賦役革冒越民多賴之擢監察御史

朱　節　嘉靖二年巡按山東時兵旱相仍礦賊竊發節自部封軍身親督戰一鼓擒賊山東蕩平竟以勞感疾卒民痛如喪父母贈大理卿

應　檟　嘉靖間巡撫山東居官能持大體清愼
有聲一方賴之
王廷相　萬曆初提督山東學政節義文章並著
於世以正學造就士子
李　遷　萬曆初濟南知府政善民安化行俗美
稱良二千石
陳　采　萬曆間歷城知縣爲人質朴立政眞誠
加意於窮民且禔躬純白一塵不染祀之
徐從治　浙江海鹽人先爲濟南守陞東兗憲副

値會有妖氣勦滅有功後治兵武德席未溫卽
有孔賊之變卽爲萊州監軍旋晉中丞萊城三
月不下皆其力也制臣劉宇烈主撫悞國譴逮
爲賊所賺公獨死難可謂忠也已矣因祀孔門
論曰芳穢不同器而蓄善惡不同室而處求也聚
斂尼父有鳴鼓之攻矧穢跡章章顧與之共廟而
食哉故秘嫫母於深閨孰詆其醜若與西子共衒
市門人莫不過而訾之世之已入宦祠者不敢輕
持短長則以爲人子之愛親必以享聖門爲榮而

來指摘之口孰若使之一丘自秘也

列官

縣志例不及上官攷舊通志名宦中亦有之盖朝廷設官分職原以宣化承流列戟分符實資匡時濟世君子輶軒所過功德繫焉何可使名與事俱湮耶故中丞御史藩臬郡邑凡興利捍患有造於歷足以碑峴淚而芾召棠者又別標之若近者諸宦勲業方隆則不敢媿為揚榷留之以俟後日

中丞

中丞以事制一方况假以軍旅之權則稍有蠢動皆得提一旅勦之六道之兵幾滿三萬半屬空籍且虛糜糧餉無一人可供撻伐一旦羽書告亟則多脫巾之呼勍敵臨郊惟有風鶴之潰其候一方生靈者多矣功在社稷者指不一二屈余恐日久人亡故並表之

宋應昌　浙江仁和人先是以給事中出守濟南後為憲長後又為中丞三仕於此皆有仁政及為中丞均地行條鞭民享樂利者四十年

黄克纘　福建晉江人先是以觀察來歷濟泉而
中丞者十三載安靜仁厚於兆方一無所擾纘
瑞爲梟能力制之廣川逆叛爲萬年致稱討白
而很食人無數捕之磔於市很遂屛跡且遊心
翰墨刻觴遊亭帖後晉大司空
趙　彥　陝西膚施人開府於此無一息不留心
地方有司及民間事纖悉畢知懲勸愚民象魏
幾滿城市値有曾妖徐鴻儒之變身親征之三
閱月蕩平其功甚偉後晉大司馬
呂純如　南直吳錫人開府時東國尚宴然命郡
丞蘇爲梯修城濬湟且親履其地今之城垣完
固東國恃以無恐者皆公之力所謫徙薪賢於
焦頷者此也且爲勸農亭以勵東作冬生院以
活饑兒眞仁人君子之用心又脩谷史以佐靑
齊不可以群謗而少之
朱大典　浙江義烏人先是爲章丘令厥後拜給
事歷官潘臬大有駿聲東海孔賊之變屢征未
下乃簡公於此專征之一臨戎而賊無噍類且

名城頓復東國獲安歸而脩城濬隍大整軍伍
以爲善後之計真功在社稷者歟因拜少司馬
主爵者欲令還朝
上留之以爲東土保障士民德之建祠於湖上
御史
柱下史擁繡斧以出則山嶽動搖察吏安民每有
隨車之雨弹奸觸邪恒飛簡上之霜巡行東國者
類皆正直忠厚之長見履其地者不敢阿其所好
就耳目之所睹記功德及於百姓聲譽載在口碑

者則得兩人焉
鍾化民　浙江仁和人崇尚德化加意斯文仁政
不可殫舉至火夫一節民間最苦爨太守平康
裕華火夫編爲門灘置一切罷其毫不犯民間
久之門灘出而索取如故公移檄有司宿直等
役悉出香稅人甚德之獨惜香稅出而索取又
如故也
畢懋康　南直歙縣人皆詞賦雅好斯文建書院
於趵突泉左置學田贍士又蠲粟二百石脩同

子墓後值東國大祲命有司賑濟活起者無筭
時李公長庚爲中丞故民謚曰畢按院李中丞
大饑之年人有生頌公世世作公卿

藩臬

藩以司錢糧臬以司教化厚生正德之司也先是
國家無事坐權百八諸侯之上惟計日而遷耳今海
內脊脊軍國之費一切取給民貧靡生又勤羅三
尺保胥而化誨之厥惟艱哉至若委曲調停使上
不病

國寬衆敷教俾下無亂民者吾見亦罕矣一二功有
足多者存之以備異日之俎豆

陳應元　南直江浦人由右轄而左即值孔賊之
變一時當事者若無米之炊公晝夜擘畫禁兵
夷兵數十萬餉無不措處且主撫者悞國獨公
主勦卒之撫事不成竟以勦滅拮据五年心血
嘔盡此功在社稷者且擅文名山以東景物無
不題咏後轉防莹威名遠播三年島嶼無不清
寧真千古一人宜祀

莫儼皐　南直長洲人與陳公同時孔賊之變雖未親身臨戎時時與陳公抵掌擘畫一切軍餉隨取隨給且東征器械皆其所造無不精利厥後東事之平實有賴焉嫺辭賦雖時事倥偬中不廢題咏眞文武爲憲者陞浙江左轄

申紹芳　南直吳縣人分守濟南正值孔賊之變舉國皇皇公日夕講求凡爲城守計者無不殫力圖之卒之省會百萬生靈得以無恙皆其保障之功後陞福建方伯

鄒　善　江右人來此督學剏湖南書院置學田養士遍遼海右諸名士陶鎔其中後如趙司徒王中丞諸名卿俱在品題中且遍毀淫寺爲社學教童子歌咏以養其性情訓人自覔其良心嗣是學使止以衡文爲事未有談及理學者此眞張朱之輩大有功於聖門而名宦未及故特表之

李化龍　北直大名人來視學政試士每五日一案寒士不羈旅邸閱文不代倩評文曲肖其人

發落必逐名示之曰某文如何經品題者皆得入彀後以平播功擢大司馬

湯道衡　南直丹陽人爲視學使者至公至明閱卷神速一夜常至數百卷二十七日而六郡考完且自首至結無不評隲中式者皆其前列世稱得人　主命主爵者紀錄之後陞兗東憲副東平以帶多盜藪悉平

郡守

郡大夫爲三十諸侯之長至貴倨也折節下士被諸席之春風赤心爲民沛桑麻之膏雨者不多見其人古之人往矣遠不可攷就所聞見者言之亦有一二良二千石可共血食者故表之俾不湮沒云

平康裕　北直河間人大有風裁郡事無不就理至其澤被閭閻者則門攤錢一節先是地方宿直皆沿門編派舉場考試一切物料取之民間人人稱苦至寡婦孤兒尤不勝需索之殃平公編爲門攤按房以爲多寡收錢于官以作工食

遍置罷皿毫不擾民且大佛山建文筆峰以作士氣府庠泮池立太湖石以壯風景至今追思不忘

徐　榜　南直涇縣人仁民愛士馭屬吏明而且寛曰凡戴烏紗者皆朝廷官最不可侮立明湖會所課士論文後發身者最多至斷楊長官一事尤稱神明見外傳

樊時英　浙江仁和人出守于此者四載當魏璫虐焰之秋人皆重足立公獨守正不阿御士綽最有禮且禔躬純白盡出俸錢脩葺學宮濬玉

帶河又脩趵突泉來鶴橋多有異政後陞福建提學歸里毫無長物府庠有去思亭

知縣

邑令與民最親縣事蝟集多為簿書所苦至以文章飾吏治者寥寥也故吏名有三曰仙吏曰才吏曰俗吏首尾委瑣低眉事人者俗吏也百計興除事無不輯者才吏也庭空鳥下風流蘊藉者仙吏也俗吏不足道才吏世多有之翩翩仙吏則不多

俱二十六人焉故疏其所見者紀之

張鶴鳴　河南潁川人爲縣令時正當鑛使四出魚肉小民公力抗陳璫　王府欲執庠生椰一觀父子力庇之卒獲免禱雨輒應修五龍潭以報玄貺八蜡廟久廢捐俸脩葺懷家洼苦水公濬之俾得腴田數十頃凡興釐便民者無不爲之且嫺風雅有三日治政一日治酒之趣陞南京兵部主事行後人德而祠之後爲大司馬行邊有功　上賜蟒玉年八十有奇尚壯健

論曰拜若官而盡若事職也自貪婪多而廉潔者賢自塌茸多而振刷者賢好畫龍而遺真龍非其好也中丞以下諸賢非歷志所當載弟恐文獻無而無所徵耳見蒞茲土者雖皆賢大夫然宦業未竟不敢阿其所好姑載數君子以備通志之攷云

鄉賢

古之論人者則取評於鄉鄉賢者一鄉輿論之所歸也或出而忠君愛國功在社稷或處而著書立言足有道脉則祠於孔門以爲一鄉之範今

然論祿位不論道德問情面不問真修南面而臣
食者不知於出處之道何居也薰蕕同肆鄉賢爲
之不重矣

秦處士茅焦　齊人嫪毒之亂始皇遷太后於雍
下令曰敢諫者死諫而死者二十七人齊客茅
焦最後諫辭甚切直始皇悟母子復合如初

漢大中大夫田何　無考

諫議大夫終軍　事見名臣

丞相宜春侯王訢　事見名臣

太子太傅林尊　事見名臣

宋太師封秦國公呂頤浩　事見名臣

龍圖閣侍制辛棄疾　事見名臣

刑部侍郎王衣　事見名臣

翰林學士張揆　事見名臣

禮部員外李格非　事見名臣

進士劉庭式　事見名臣

元封濟南公張榮　事見名臣

濟南軍萬戶劉斌　事見名臣

翰林學士韓鏞　事見名臣

三路總管張炳　事見名臣

國朝吏部尚書尹旻　事見名臣

右都御史張鵬　事見名臣

南京戶部尚書邊貢　事見名臣

河南按察使李攀龍　事見名臣

大學士殷士儋　事見名臣

右僉都御史王見賓　事見名臣

吏部員外郎穆深　事見名臣

戶部尚書趙世卿　事見名臣

山西副使陳九疇　事見名臣

山西參議韓應元　事見科目

天長縣知縣吳聞詩　事見科目

論曰人能盜名於天下而不能欺一鄉國人皆曰賢信賢矣世代之遠者真贋未知就所聞見者言之如邊李之文章尹趙之事業固名實相副無所容其訾議外是皆以子孫而賢遂得廟食如張嵗之孝行陳疇之治行竟未俎豆焉吾不知其於月

孝子

人有百行而孝其原故古求忠臣於孝子之門但可移孝為忠而胞與皆此之推耳邇來教化不明仕者絕祿奚取斗釜之養賈者負販絕無片菽之歡甚且讐視其親不止反唇反譏已也嗟嗟人也而烏與獺之不如乎司風化者留心焉

洪武

劉興祖　歷城人自父母世六喪不舉興祖不避寒暄傭力以葬負土築墓有司請於　上特賜錢幣旌表

景泰

王允　歷城人少孤勵志讀書登進士官至布政事母曲盡孝愛母卒廬墓三年有司上其孝行旌表

萬曆

李翠　歷城人葬母於黃臺山家甚寒親築其墓其高如山他方莫以聞宋桐崗太守出飲執

華見而詢之遂異其孝因奏於　上旌之此亦鬼神之不沒其善也

谷　珍　濟南衛人旌表

羅　縉　歷邑庠生其舅氏貧啞縉贍養舅氏以慰母心遂旌表然母骨未寒而輒娶恐其孝行未確也

王繼芳　歷邑庠生

論曰世之論孝者以廬以刲則詫爲異事然根心之孝不藉是也然廬居猶易易耳

高皇帝謂刲股非孝然遺親之危不吝髮膚刀揮肉落人情難之是不得爲孝將犬馬視親而得爲孝乎嗚呼今之孝者是謂能養則又家曾閔而人祥蘭矣

節婦

夫者婦之天也不幸失所天稱未亡人不殉則守故栢舟自矢千古有餘芳焉第非懷鐵石之剛腸松筠之勁骨疇克若是今世之所表揚者大率向陽之木窮谷幽蘭竟與草木同萎也惜哉雖然[illegible]

馮氏 杜海妻歷城人夫卒自縊旌表

杜氏 康鉞妻歷城人正德六年遇賊死節旌表

張氏 孟訓妻歷城人旌表

韓氏 范貴妻歷城人二子俱殞守節不渝旌表

呂氏 幼而貞淑及笄選爲泰安王妃未婚王薨妃毀容絕食兩䑓上其事旌曰女德孤貞

馮氏 劉法妻歷城人旌表

宓氏 周官妻歷城人旌表

孟氏 庠生洪綬妻歷城人旌表

秦氏 孫應麒妻歷城人旌表

孟氏 方復初妻歷城人其孫方守地中癸丑進士擢兵部主事乞恩旌表巡按王一中題語云五十載始終一轍百餘年月旦同推

劉氏 趙應府妻歷城人旌表

汪氏 指揮辛鎮鄒妻氏隨夫死節巡按王一中旌表

傅氏　庠生賈桂妻巡按王一中題旌表

張氏　党習書妻萬曆四十五年旌表

論曰夫死不嫁自合巹時已盟之若以夫死不嫁爲異節則夫死而嫁豈常道乎但其中有出萬死於一生繫千鈞於毫髮者其人可溺也嗚呼婦女而知飾名乎飾婦人以名者爲之也非其孝子則其慈孫欲彰其前人之美孰知無美而稱之誣耶

烈女

烈女與節婦不同婦猶伉儷之雅難忘也或稱抱

之孤無托也女也無之顧乃寧蹈于白刃不受點于青蠅倘亦天植其性乎語云內則脩而後女德茂彼古之閨閫諄諄然垂姆訓而脩陰教有以夫

郭氏女　正德六年遇流賊擄去義不受辱紿賊飲水遂投水而死

盧氏女　名桂香甫十歲爲邑諸生吳愛衆養女愛衆被殺妻室盡碎獨女大呼手持賊襦賊刃女腦淋淋而死縣令張元平傳之見文苑

論曰女德主於柔順故巾幗之韋燉淑者有之至

[illegible]故義烈烈而死者指不一二屈豈剛正之
不問陰陽哉矧髮未及笄未必嫻閨中之訓而[illegible]
亡不易其心語云齊魯之於文學天植其性[illegible]
天植其性乎

義士

自古見義不爲君子譏焉義之不爲利奪之耳故
廉靜𥚁躬見利若浼義之上也慷慨就義奮不顧
身義之中也見利不取好行其惠義之次也歷下
泉清水白人生其間多修姱節則沾沾好義者往

往有之嘗觀湖城十萬而千金之子無幾𢿙于財
徇亦篤于義乎孰謂踈財爲義之末哉

田真　兄弟欲分財堂前紫荆花茂盛夜議破
分爲三株曉即憔悴真嘆曰樹本無知聞分欲
尚如此人何不如也兄弟由是不復分

黔婁妻　黔婁先生卒覆以布被覆頭則足見足
足則頭見曾西曰斜其被則殮矣妻曰斜之[illegible]
餘不若正之不足先生生而不斜[illegible]

仝　端　于鱗之父也販紬爲業有盜其紬者
遇之詰其故言生理無資三日未食端待以酒
餚給錢千文勸其改行後盜剽掠江湖夜持銀
一篋叩門而呼之置銀于戶內及端起追還盜
已遁矣端遂修建東嶽廟至今廟內有祠祀之

希周　濟陽人常進于歷路拾百金里中有義
士李希周拾銀不肯收之謠厥後壽百歲有餘
上官義之建百歲坊於撫院之東坊建于歷故
附于歷以爲歷人勸

馮尭安　歷庠生城西里許施義塚一段計地六
畝有馮氏義塚碑記

王汴　北門內會波街地勢洼下湖水一漲道
路不復變矣汴出家貲砌以石貴令公以義路
旌之

論曰學莫先於義利之辨古之殺身取義者不可
求之今日故見財不取與夫好[illegible]者亦得列以
士之林嗚呼求人於三代之[illegible]人也
是亦足矣故[illegible]

季以來乞墦登壟不顧羶腥之盡喪廉人澤巳定
知名節之全虧琢諸君子當何如愧也

詩人

詩以咏性情故三百篇之旨大都以溫厚和平為主古詩則漢魏排律則六朝近體則盛唐於三百篇猶近之奈何今之郎[illegible][illegible]吟自謂雕龍綉虎餅細響謬附大呂黃鐘[illegible]且爭作險韻怪誕不經欲翻唐人之案故明[illegible]七才子而下寥寥虛無人也

邊貢　尚書有華泉集韻學足追唐人

劉天民　吏部有函山集有唐人之致

陳輗　知府同范栢峰登華不注山有詩

張弓　通判有月梧詩有野趣

谷繼宗　有詩稿未刻碑記中多有之

范瑟　編脩有栢峰集詩有翰林韻致

金城　巡按詩不多亦有韻致

李攀龍　提學有滄溟集大行於世

許邦才　解元與滄溟齊名有海右倡和集

光　廬　知縣有東山存稿詩泒甚正

任登瀛　登華不注山有詩

劉　勑　有白鷗集海岱吟苦吟集並岱史歷乘

　諸文集傳於世

潘子雨　少卿有家存稿詩有莊雅

潘子震　學官有呂公祠詩亦有清致

劉　遷　知府有咏歷下八景詩

張邦基　知縣有咏歷下八景詩

劉朝憲　遊大佛寺有詩

薛　焰　擅臨池之業亦能詩

李應聘　與劉勑為詩友咏歷下景有詩

劉亮采　主事長於詞登千佛山有詩

周之士　工二王草書亦能詩

楊衍嗣　能詩亦有松窻清供詩禪諸書

賈嗣煕　能詩有和陳幼白落花詩三十韻

秦夔皐　能詩亦能作趙孟頫字

張金聲　能詩歷山水閣亦有題咏

論曰先民有言詩有館閣之詩有縉紳之詩有山

林之詩館閣太冠冕縉紳有紗帽氣不若山林有煙霞氣冷然可愛今家操一觚人人自謂能詩雕鏤刻畫殊乏風人之致要於白雪陽春無當也甚且欲反唐案以自為一家言恐邈李兩先生見而胡盧矣

才女

自古文人墨士爭以三寸觚見長至若婦女則三從五德閫教也女紅中饋女職也井臼鹽米婦道也操觚從事修臨池之業非其分矣但聰慧之氣

不擇陰陽翰墨之家或得衣缽則摛華掞藻亦足多也蜀之蘇妹涉之邢妹皆名燥一世其在歷下僅得二人焉今之女皆以色事人者矣

伏氏　漢伏勝之女也帝使晁錯往受尚書勝老不能正言使其女傳言教錯今文尚書是也

李易安　宋李格非之女也字清照晚號易安居士所著有漱玉集三卷其綠肥紅瘦之句畢散薄商周之論尤為詞林所膾炙

論曰論女者以德不以才三從五德是所當素嫻

者祭嘲風弄月固韻士之高蹤剪露裁雲亦才女之奇行如薛濤諸姬雖女流哉而名垂不栢女而能嫻於藻翰則騷士得之亦可稱女史者敎之[illegible]鬚丈夫而目不識丁者不天淵哉

仙釋

吾儒之闢仙釋也則以為異端而攻之第恐率天下而路耳假使西方無大士則舉世皆沉慾海上京無仙客則盡人俱為名尸詩云昨過竹院逢僧話偷得浮生半日閑則吾儒之以澹塵緣而滌煩

慮者未嘗不於二氏有藉也嗚呼今談無生長生之說者豈無人哉未見其果孰仙而孰佛也

春秋

扁鵲　治桓侯疾識其病入膏肓嵴出乃煉丹藥處故曰扁鵲

唐

吴道子　少遊遇黃冠袖出一蜩呼之食道子笑而不食黃冠收蜩入只遺一蜩腿覩之乃桃蒂也方知為仙食桃蒂聰悟頓開以善畫名後[illegible]

昇今府治後有其像

郭　昶　以善書名舜祠香泉毎暴漲居民甚恐昶書神在二字鎮之碑尚存

國朝

李　笈　濟南人聚學自給寓臨安嘗詣淨慈寺過長橋見青衣道人林下斵笋笈揖之同食笋食畢道人忽不見笈頓覺身輕神逸行歩如飛又入蜀隱青城山後乘雲而去

海上老人　不知姓字髪如銀絲顔如渥赭雙目

澄澈左手嘗握而不開日進生果三枚水一勺而已

楊　生　邑諸生喜談神仙人鄙其誕居龍山鎮夜兒啼生紙剪一月口吹上昇使二月相鬬百里內皆見之兒觀月以止啼哭撫臺知爲仙術秘訪之問作此何爲生答偶與小兒戲耳又問尚有别術否生舉所擘茶潑之階前水暴長若降雨然公驚詫設酒殽欵洽呼以仙師送之歸後數日再詔之已携妻子去不知所之矣

無住禪師　成化時掛錫華林寺像貌魁岸聲音洪亮儒書釋典無不精曉士紳雅重之以居近市纏遷四禪寺圓寂年逾九旬當盛夏顏色如生觀者如堵可追蒲檀之遺跡焉至今塑像與三藏並祀浙僧碑記在

論曰天有日月星而後法象昭世有仙釋儒而後世界明故先儒有言釋日也仙月也儒五星也三象昭垂而後乾坤朗如矣語云不有仲尼萬古如長夜牛戚歌云天地何時旦正以三教之相為柢梧而不相為用也尼父又嘗曰有教無類則道中之戈矛可不試矣

隱逸

隱逸之士朋松友石躭躭一壑豈其志驕富貴也廊廟山林亦各適其適耳昔張令與杜光庭詩云一壺美酒一爐藥飽聽松風白晝眠與僕僕腥塵者孰賢也矧仕宦人之網羅也飛蟲觸網而斃則功名腐草為時幾何江月山花隱士之得趣獨多人慎不可高伊呂之勛而薄巢由也

周

小臣稷　齊人抗厲希古桓公凡三往不
公嘆曰吾聞布衣之士不輕爵祿則無以助萬
乘之主萬乘之主不好仁義則無以下布衣之
士于是五往乃得見焉桓公以此能致士

黔婁先生　齊人脩身清節不事王侯魯恭公聞
其賢遣使致聘以爲相辭不受齊威王又以黃
金聘爲卿又不就隱于濟之東南山著書四篇
言道家之務號黔婁子

陳仲子　齊人其兄戴爲齊卿食祿萬鍾仲子以
爲不義與妻避居於陵自謂於陵仲子身自織
屨妻擘纑以易衣食楚王聞其賢欲以爲相遣
使持金百鎰聘之仲子謂妻曰楚王欲相我結
駟連騎食方丈于前可乎妻曰夫子左琴右書
樂在其中矣與其卿相而諂于人無寧灌園以
自娛乎仲子遂謝使者終身不仕

魯仲連　齊人嘗遊趙秦圍趙急魏遣新垣衍說
趙請帝秦仲連極論帝秦之害秦聞

原趙欲封之不許壽以千金亦不受曰商賈之事不忍為也後又說下聊城齊欲爵之仲連逃之海上而輕世肆志焉魏安釐王問天下之高士孔子順曰世無其人也抑可以為次其魯仲連乎

顏蠋　齊人戰國時隱居不仕嘗言有處窮方其藥四味一曰無事以當貴二曰早寢以當富三曰安步以當車四曰晚食以當肉

張仲蔚　平陵人與同郡魏景卿俱修道德隱身

不仕明天官博物善屬文好詩賦閉門養性不治榮名時人莫識

甯戚　齊小臣也嘗叩牛角而歌曰生不逢堯與舜禪長夜漫漫何時旦

陶弘景　南北朝人入茅山自稱華陽隱士梁武帝有大事無不咨訪時人號山中宰相帝嘗問山中何所有答曰山中何所有嶺上多白雲只可自娛樂不堪持贈君

論曰逸名雖一而行有三一曰道隱抱經濟之才

而脫釜塵之涴一日性隱驕語巖穴絕意聞達一日名隱身迹遯肥遯譽鶩勢以爲終南之捷徑隱也以釜是爲僞隱非版築之圖渭濱之卜也雖然不有冥鴻誰挽蠅逐語云希驥之足亦驥之乘貌伯夷而不肖猶賢於貌盜蹠也

僑寓

男子生而弧矢四方曷必跼蹐牖下以瓠瓜我也故雖雲泥鴻跡暫寄一時而艷羨猶顧後於千載蓋君子之至於斯以人重者乎嗚呼人生寄也僑寓寄寄者也寄寄者猶能令人艷羨若斯彼寓形斯土者顧碌碌無聞寧不爲逆旅主人所哂哉

漢

朱雲　魯人徙平陵成帝朝爲槐里令有折檻之諫可謂直臣

唐

李白　蜀人遊華不注有詩

杜甫　蜀人遊歷下亭有詩

宋

程　頤　中州人詠天心水面亭有詩

曾　鞏　南豐人知齊州時各山水皆有詩千佛山有廟見祠宇

歐陽修　廬陵人有詠舜井歌

朱　熹　新安人大佛山有詩

江萬里　望嵋山有詩

蘇　轍　眉州人為齊州掌記閔子祠有記

元

王　磐　廣平人喜歷下山水隨寓此有吳文丞

相詩精神貫日華夷見氣節凌霜天地知

趙孟頫　吳縣人為齊南路同知遊趵突泉有詩

張養浩　章丘人徙家歷下雲莊趵突泉龍洞皆有詩

張起巖　章丘人徙家歷下延祐中進士第一遊泮宮有記

李　泂　滕州人僑居濟南有湖山花竹之勝亦亭日天心水面文帝命虞集作文記之

于　欽　有詠歷山詩

千卷　古木顗山印

亭曰天心水面文帝命裘集刊文嗚心

本印　湖州人福呂葬南本隨山蘇竹公印

　　新宮本印

裘此嘉　章立人孙家墨千雲葬印奕泉籥園印

　　本印

味枯葬恬帆貫日華夷昃旅籥枚彝天祺印

誠孟印　吳孫人愳泰南筎同味葬恬奕泉本印

裘孝普　章立人孙家墨千雲葬印奕泉籥園印

壬楽　　□〔六十六〕　　六十三

注楽　貴本人喜墨千山水讀窗北本吳女攷

元

藉姉　旨此人愳齊此掌哈閑午師本印

工萬里　　坣静山本印

未嘉　　諫実人大佛山本印

湖劇郂　盦刻人木本籥卄楪

曾峯　　南豐人吠泰開報谷山木昚古印千楪

山本寬吳師宁

鑑國　　中此人藉天心水面亭本印

國朝

晏璧　廬陵人爲憲僉有題七十二泉

楊溥　大原人知府有題七十二泉詩序

王敬　湯陰人運使有題七十二泉詩跋

張珣　長安人飲白雪樓詩七十二泉總咏

張大亨　長山人題龍洞靈虛宮歌

王守仁　餘姚人主事典試山東號稱得人有試錄序

陳鳳梧　廬陵人開府咏趵突泉有詩

王廷相　浚川人提學有登華不注山詩

胡纘宗　泰安人開府與薛月泉國戚交遊有

楊守禮　南澗人方伯遊開元寺有詩

蔡經　侯官人開府吟對華亭有詩

張鵬　沁源人巡按有遊大明湖詩

雷達　豐城人兼憲有登華不注山詩

王世貞　吳下人憲副有望華不注懷李于

許殿卿左史詩

孫應奎　餘姚人開府遊大明湖

魏良貴 新建人方伯遊大佛山有詩

裴紳 蒲坂人提學遊大佛山有詩

吳道南 吳會人憲副遊龍洞有詩

俞憲 錫山人叅政遊大佛山有詩

亢思謙 汾陽人方伯有登華不注山詩

應大猷 仙居人開府遊開元寺有詩

鄒善 江右人學憲有題黑虎泉洗心銘

陸樹德 華亭人開府題趵突泉有詩

鄭材 安肅人德平令遊趵突泉有詩

鄭芸 莆田人巡按有登華不注山詩

冀體 鄴下人歷城令咏龍洞有詩

楊九澤 蒲池人觀珍珠泉有詩

劉鉞 壽光人遊白雲湖有詩

李戴 延津人開府登一覽亭有詩

毛在 吳郡人巡按千佛山諸處皆有詩

徐榜 宛陵人知府遊千佛山有詩

張鶴鳴 潁川人歷城令趵突泉大明湖多有題咏有脩五龍潭碑記

黃克纘　温陵人開府各山水皆有題咏

嚴一鵬　姑蘇人巡按有登華不注山和李對泉

中丞詩

鄭　雲　雲亭人登千佛山有詩

楊玉潤　孟津人長于詞賦有登千佛山吊古詩

袁一驥　江陰人廉憲有遊大明湖詩

袁茂英　慈谿人憲副有遊大明湖詩

劉　毅　會稽人學憲有遊大明湖詩

郭正位　楚人有題水面亭詩

阮以鴞　晉熙人有題水竹居詩

蔣弘憲　宜興人有登白雪樓和劉勑詩

葉儒林　祁門人善書畫有登華不注山並各山

水詩

邢　侗　臨邑人太僕少卿善詩文愛歷下山水

卜居於北門之外時遊息于此故後人愛其字

不惜以重金購之有詩集瑞露亭帖

董世彥　鈞陽人有大明湖詩

徐守仁　新都人遊大佛山華不注山有詩

梁光裕　關南人長史遊趵突泉有詩
程鵬起　新都人遊擊過趵突泉有詩
彭尭俞　夏邑人飲趵突泉有詩
李四維　扶溝人崆峒之孫為濟陽令常遊趵突
泉有詩
江湛然　新安人泰安州守遊龍洞有詩
陳陞　夏邑人歷城令有咏龍洞詩
金湯　四明人長於書遊龍洞有詩
李以敬　吳會人遊龍洞有詩

王珝　灤江人遊龍洞有詩
徐琳　華亭人運同遊龍洞有詩
薛潰　東郡人長史工詩善畫遊大明湖有詩
李柷　儀真人長于詩文善章草常過歷與劉
勑相賡和
羅文瑞　歙縣人長于字有遊大明湖和劉勑詩
劉芳名　濱州人有登白雪樓懷李于鱗詩
朱童蒙　萊蕪人有訪滄溟先生故里詩
徐貞　徐州人詞翰俱足名世常過歷與劉勑

結詩社
毛效祖　會稽人長于染翰常過歷與劉勑相賡
和
吳乔相　順義人濟南同知長於詩
謝肇淛　貴州人東昌推官詞翰名家常過歷與
劉勑相賡和
董復亨　元城人章丘令常過歷與劉勑相賡和
呂純如　古吳人開府飲趵突泉有詩
章尭相　北直人

吳[illegible]廉　歙縣人建歷山書院置贍士田有咏趵
突泉詩
吳執御　黃巖人司李後陞給事中以彈周相去
陳應元　金陵人方伯與劉勑相倡和有東遊集
題咏甚富
莫儼皐　吳下人方伯長於詞翰歷下多題咏
申紹芳　吳下人參政有詩刻
溫自知　三原人訪陳幼白方伯過歷多題咏
張夢時　長洲人運司有桃源吟

卓爾昌　仁和人運判歷下多題咏

徐希震　江西人長于賦常遊歷下

孫之獬　淄川人翰林卜居歷下其詩自成一家足稱寡和

王文熠　紹興人移家歷下工臨池之業

論曰境因人重一經名流托寄則山增高而水增深故瑞國之珍不淹丘土柱天之木肯繫瓠瓜何必若狐貉之守丘林哉雖然名山勝水酒遊者不知若而人而梏顧嘯咏不足爲名勝之助則亦不足後矣

論曰穆叔云人有三立仙釋之事吾聞其語矣未見其人也人之大較太都太上立德遵先王之法讀聖賢之書贊天地育萬物爲世先人次則剛大自命與道義相配不撤揭宇宙則守烈烈而死以光簡冊勿爲眉鬚羞再其次則操觚染翰鏤月裁雲立一先生之言以垂不朽不然生無一日之寵死無百年之譽碌碌庸庸與草木同朽腐者